PAPASUTRA

Carina Heer

PAPASUTRA

AUS DEM LEBEN EINES ALLTAGSHELDEN

Für alle Väter,

die tagtäglich Unglaubliches leisten

Inhaltsverzeichnis

Plötzlich Papa!

Wie schrieb Wilhelm Busch einmal so schön? »Vater werden ist nicht schwer, Vater sein dagegen sehr.«

Wie gut, dass es dieses Buch gibt.

Zusammengefasst in dreißig magische Stellungen, deren Aufzeichnungen bei einer Ausgrabung im indischen Khajuraho entdeckt und in jahrzehntelanger Detailarbeit übersetzt wurden, vereint es nämlich das geheime und über Jahrtausende weitergegebene Wissen erfolgreicher Väter über den Umgang mit all jenen Situationen, denen der frischgebackene Papa sich nun stellen muss – auf die ihn jedoch niemand vorbereitet hat.

Es lehrt den Umgang mit dem Nachwuchs, der partout nicht einschlafen will, erklärt dem Vater, was zu tun ist, wenn sich ein Monster unter dem Bett des Kindes versteckt, und verrät ihm, wie er den Nachwuchs schon frühzeitig so trainieren kann, um einst einen Profifußballer aus ihm zu machen.

An diesem Buch kommt kein Vater, der etwas auf sich hält, vorbei …

Kugel des Friedens

Wer den Ritt auf der Kugel des Friedens für sich entdeckt hat, der kennt endlich das Geheimnis, wie er ein nicht hungriges, schmerzfreies, frisch gewickeltes und dennoch krakeelendes Baby in den Schlaf wippen kann.

Schon bald erkennt der junge Vater, dass dabei musikalische Untermalung sehr hilfreich ist. Ob dabei nun »Schlaf, Kindlein, schlaf« oder »FC Bayern – Stern des Südens« gebrummt wird, ist dem musikalisch noch nicht so bewanderten Sprössling übrigens schnurzpiepegal. Viel wichtiger: schön im Rhythmus des Gesangs auf dem Gummiball auf und ab wippen – so stark, dass es einschläfernd wirkt, aber dennoch schwach genug, dass der aufgedrehte Nachwuchs nicht nach noch mehr Action kreischt.

Das Baby ist endlich eingeschlafen? Herzlichen Glückwunsch!

Der schlaue Vater weiß jedoch, dass es naiv wäre, zu glauben, er könnte den süß schlummernden Nachwuchs nun einfach wieder ins Bettchen zurücklegen. Wie ein Seismograf erkennt der nur minimale Veränderungen in der Frequenz des Wippens.

Also: weitermachen und dabei bitte nicht einschlafen. Denn wenn beide von der Kugel des Friedens fallen, fängt das Geschrei wieder von vorne an.

Der Wind unter den Flügeln

Angeblich wollen ja alle Jungs Feuerwehrmann werden. Allerdings sind schwedische Forscher im Rahmen einer Metastudie zu dem Ergebnis gekommen, dass 73 Prozent aller fünfjährigen Jungen vielmehr davon träumen, einmal Pilot zu werden. Bekanntermaßen wird nicht einmal 1 Prozent davon tatsächlich ein Fliegeras. Dem frischgebackenen Vater, der ja auch mal Junge war und vom Fliegen träumte, bietet sich nun jedoch, nach vielen langen Jahren des Wartens, die Möglichkeit, diese Enttäuschung zu kompensieren, indem er in Sachen Erziehung so ziemlich alles auf das Thema Fliegerei dreht.

Das Kind will beim Füttern den Mund nicht recht aufmachen? »Bruuuuuumm. Die Cessna 172 ist bereit zur Landung. Bitte Landebahn freigeben, sonst stürzen wir ab.«

Der Nachwuchs will durch die Luft gewirbelt werden? Anders als bei Oma und den Tanten heißt es bei Papa nicht »Engelchen, Engelchen ...«, sondern: »Spitfire, Spitfire, flieeeg!«

Und gibt es für kleine Wonneproppen etwas Schöneres, als vom stolzen, auf dem Sofa liegenden Papa wie ein Flugzeug durch die Luft gewirbelt zu werden? Vorzugsweise zehn Minuten nach der Breizeit.

Vor heftigen Niederschlägen wird gewarnt!

Der Yeti

Gibt es ihn wirklich? Manche behaupten, sie hätten ihn bereits gesehen. Aber kann das wirklich sein? Ist das nicht nur ein Gerücht aus der Kategorie »urbane Legenden«? Ein Vater, der an einem Wochentag mit seinem Kind auf den Spielplatz geht. Hat der denn nichts Besseres zu tun? Ist der vielleicht gar arbeitslos?

Besonders, wenn der Vater mit schöner Regelmäßigkeit allein mit dem Kind auf dem Spielplatz auftaucht, wird es unheimlich. Offenbar hat dieser Mensch tatsächlich nicht nur Urlaub, sondern nimmt sich wirklich Zeit für sein Kind. Da fragt man sich doch, wo da die Mutter ist. Geht die etwa ganztags arbeiten? Ich will ja jetzt nichts sagen, aber: Warum bekommt man dann bitte schön ein Kind???

Also wirklich! Das geht ja mal gar nicht.

Aber vielleicht ist sie ja auch tot. Und der Yeti Witwer. So ein armer Mann. So ein armer gutaussehender Mann. Vielleicht laden wir den einsamen Kerl ja mal zu einem Spielenachmittag ein …

Das mitter-
nächtliche Grauen

Eigentlich dachte der frischgebackene Papa ja, mit der Geburt hätte er das Schlimmste schon hinter sich. Den Rest würde er ja sowieso und mit Leichtigkeit schaffen. Doch da hat er die Rechnung ohne seinen kleinen Hosenscheißer gemacht. Denn jeder Vater, der noch keine Erfahrung als Altenpfleger oder Schweinezüchter gesammelt hat, gerät jetzt an seine Grenzen.

Feste kleine Köttel, die sich einfach aus der Windel schütteln lassen? Wovon träumt Papa nachts? Mit dem Mekonium, dem sogenannten Kindspech, dem kohlrabenschwarzen ersten Stuhlgang seines Sprösslings, hat er dann auch gleich ganz schön zu kämpfen – emotional (»Ist das etwa BLUT IM STUHL???«) und technisch (»Soll ich vielleicht lieber ein Wattestäbchen nehmen, um das da rauszupopeln?«). Aber es wird nicht besser. Die absolute Belastungsprobe: Der Nach-Mitternachtsstill-Kack, wenn die teure Windel (20 Cent das Stück! Fast so viel wie Sanifair!) zwar an den Bündchen dicht hält, aber das Geschäft, das selbst ungefähr so viel wiegt wie der ganze Sprössling, über die Bauarbeiterritze bis hoch in den Specknacken gequetscht worden ist.

Prost Mahlzeit!

Der geschwollene Kamm

Die aktuellen Fußballergebnisse? Die neuesten Tuning-Tricks? Das wirkungsvollste Work-out?

Keine Ahnung, worüber sich Papa früher mit seinen Kollegen unterhalten hat – für ihn gibt es jetzt nur noch ein Thema: die beeindruckenden Leistungen der Frucht seiner Lenden. Eigenlob stinkt ja bekanntlich – aber mit einem Umweg über den Nachwuchs fällt das vielleicht gar nicht so auf. Und es gibt absolut gar nichts, was dem stolzen Vater nicht lobenswert erschiene!

Das Kind schreit täglich 23 ¾ Stunden? »Der hat richtig Feuer im Hintern!«

Es tatscht alles an, was es eigentlich nicht sollte? »Stupide Regeln sind eben nichts für meinen Wirbelwind!«

Es kotzt alles voll? »Speikinder sind Gedeihkinder!«

Und egal um welches Thema sich das Gespräch gerade dreht – Papa findet bestimmt den perfekten Aufhänger, um die Unterhaltung darauf zu lenken, worum sich in seinem Kopf gerade alles dreht: »Apropos Kotflügel – mein Kleiner hat neulich so einen Haufen ...«

Ohrenstöpsel helfen, liebe Kollegen. Und immer schön lächeln und nicken.

Die Droschke ins Traumland

Dass Babys und Kleinkinder manchmal so durchaus ihre Probleme haben, in den Schlaf zu finden, darüber wurden schon ganze Regalmeter an Büchern geschrieben. Wenn nun alle Geheimtricks, die der Vater von erprobten Papaveteranen mit auf den Weg bekommen hat (ich sage nur: Kugel des Friedens!), versagen, ist es Zeit für den letzten Rettungsanker: die Fahrt in den Schlaf.

In so ein Fahrgeschäft mutiert der frischgebackene Vater nämlich, wenn wirklich nichts anderes mehr geht und die völlig übermüdete Mutter unter Tränen (und zwar den eigenen!) schreit: »Schaff ihn mir aus den Augen.« Also schnell das Kind in die Babyschale geschnallt und ins Auto gepackt. Denn während der Nachwuchs im Bett seltsamerweise trotz zahlreicher Lalelus und guter Wiegearbeit nicht klein zu kriegen ist, fallen hier schon bald die Augen zu – spätestens ab Kilometer 5 oder 50 oder 500.

Blöd nur, wenn dann der Parkplatz vor dem Haus weg ist und die Babyschale drei Blocks weit bis zur rettenden Haustür geschleppt werden muss. Ich verrate schon mal so viel: Ein Happy End gibt es nicht.

Der Stöpsel der Stille

Natürlich kann man sein Kind auch ohne Schnuller aufziehen. So erspart man sich nicht nur aufreibende nächtliche Suchaktionen (»Mein Schnuuulli-i-i ist verschwunden!«), sondern auch mahnende Blicke des Zahnarztes (»Also, der Biss ist schon ziemlich offen.«). Blöd nur, dass das nuckelbedürftige Baby dann eben zu dem greift, was sich ihm sonst noch bietet. Variante 1: der Daumen – der noch viel schwerer abzutrainieren ist als der Schnuller. Variante 2: Mamas Brust – und die ist bei einer langen Autofahrt nicht mal eben so schnell ausgepackt. Vor allem wenn Papa allein mit Minime unterwegs ist.

Dafür, dass der gute alte Schnuller dem frischgebackenen Papa das Leben ganz schön erleichtert, bringt dieser dem Stöpsel der Stille manchmal etwas wenig Wertschätzung entgegen. »Windeln, Feuchttücher, Flasche – alles dabei!«, arbeitet sich der Herr Papa, bevor er für den Spaziergang das Haus verlässt, durch seine mentale Checkliste, nur um eineinhalb Kilometer später zu merken, dass er das Wichtigste vergessen hat. Und auch mit der Hygiene nimmt es Papa nicht ganz so genau. Mama kocht den Schnuller aus, sobald sich nur ein pestilenzialischer Fussel auf das Wunderheilmittel verirrt hat? Papa vertraut stur der 50-Sekunden-Regel. Dreck reinigt ja schließlich den Magen. Nur Mama darf ihn dabei nicht erwischen …

Das Polster der Liebe

Anstellbett mit Antiallergikermatratze und Ritzenfüller: 250 Euro

Handgeschnitzte Babywiege: 350 Euro

Perfekt gefederter und stufenlos verstellbarer Kinderwagen in stylischem Grau-Melange mit Ledergriffen und Getränkehalter: 1200 Euro

Ein Kind, das auch schläft, wenn es soll: unbezahlbar.

Und wenn das Kind schläft, dann sicherlich nicht im Kinderwagen, der Babywiege oder – wo kämen wir denn da hin – in seinem eigenen Bett! Nein, es weiß, was gut ist, und schläft am liebsten auf seinen geliebten Eltern. Zuerst hat es Minime mit der herrlichen, nach Milch duftenden, kuschelweichen Insel mit zwei Bergen versucht, in die man sich so herrlich vergraben kann – die hat sich allerdings nach einigen Wochen quergestellt und hartnäckig auf eine Umsiedlung gedrängt.

Und was soll man sagen? Im Wochenbett ist Mamas Wunsch Befehl.

Also kuschelt sich der schlummernde Nachwuchs jetzt in Papas Brusthaar, während der schweigt und … äh … genießt.

Der mit der Trillerpfeife tanzt

Wie bitte? Der Sohnemann wird vier und es gibt im Dorf kein Bambiniteam? Natürlich ist der fußballaffine Papa sofort bereit, den Trainerposten zu übernehmen und – flankiert von seinen besten Buddys seit der eigenen F-Jugend – eine Nachwuchsmannschaft aus dem Boden zu stampfen. Stundenlange abendliche Trainerrunden, um die richtige Spieltaktik auszuarbeiten, sind dabei für den Erfolg des Teams natürlich unverzichtbar.

Doch Papas Leidenschaft, seinen Nachwuchs wirklich auch perfekt zu coachen, fängt schon viel früher an. Mit dem Laufrad will es nicht so recht klappen? Papa macht es vor. Auch wenn das Ding eigentlich nur auf 25 Kilo ausgelegt ist. (»Das sind doch alles nur Richtwerte!«) Wie man beim Dreirad richtig tritt? Weil Papas Hintern da leider nicht mehr draufpasst, macht er es eben auf dem Rücken liegend vor.

Wer einen Papa hat, braucht sich über eine fachgerechte Ausbildung keine Sorge zu machen. Egal um welchen Bereich es geht. »Und wenn du 17 bist, dann bring ich dir auf dem Feldweg nebenan das Autofahren bei. Ein bisschen Übung muss schon sein.«

Liebe Mütter, bitte einfach weghören!

Der schönste Papa der Welt

Was macht man an einem verregneten Sonntagnachmittag im Februar, wenn es bereits den ganzen Samstag ununterbrochen geregnet hat? Fürs Schwimmbad oder Indoorspielplätze ist mindestens ein Familienmitglied zu krank oder war erst kürzlich krank oder neigt dazu, schnell krank zu werden, so dass der kluge Vater lieber nicht Russisch Roulette spielen will, wenn er in der nächsten Woche seinen Arbeitsplatz nicht nur aus der Ferne sehen möchte.

Doch was tun? Sämtliche Brettspiele sind durchgespielt. Dreimal. Ein Kuchen wurde gebacken. Knetmasse klebt nicht nur an den Kinderhänden, sondern auch an den Stühlen und sämtlichen Hausschuhen. Da kommt dem Nachwuchs die großartige Idee: Wir machen den Papa schön.

Das ist ein Spiel, das der Papa wie alle Väter liebt – warum ist er nicht früher darauf gekommen? Denn für dieses Spiel muss er nichts tun, als einfach nur herumzuliegen, sich warme Waschlappen oder Wattepads aufs Gesicht legen und mit sämtlichen Inhalten aus Mamas Kosmetikschrank einschmieren zu lassen. Zumindest jenen, die sie freigegeben hat, bevor sie sich aufs Sofa verzogen hat, glücklich, endlich einmal siebeneinhalb Minuten ganz allein für sich zu haben.

Endlich einmal ein Spiel, bei dem man danach nicht stundenlang die Wohnung aufräumen muss. Oder?

Der Hauch des Todes

Papa arbeitet zwar nicht bei der Müllabfuhr, sondern hat nur einen un-
aufregenden Schreibtischjob, aber eigentlich hatte er geglaubt, in
Sachen unangenehmer Gerüche ziemlich abgehärtet zu sein.

Immerhin trainiert er einmal die Woche in der zweiten Mannschaft des
FC Unteroberötting und teilt dort die Kabine mit Spielern, für die das
wöchentliche Fußballtraining die einzige Gelegenheit zu sein scheint,
sich ihrer Körperpflege zu widmen. Außerdem hat er doch im letzten
Sommer diese tote Maus hinter der Biotonne gefunden, die offenbar
schon eine Weile in der Sonne gelegen hatte und gar nicht gut roch.

Wenn der Nachwuchs allerdings anfängt, statt Milch auch »normales
Essen« zu sich zu nehmen, und seine Hinterlassenschaften so riechen
wie das, was sie nun mal sind, erreicht die Challenge »Wickeln« ein ganz
neues Level. Eine Challenge, die Papa – wie so vieles – natürlich
problemlos meistert. Ja, gut, bis auf das eine Mal, als er sich in den
Wickeleimer übergeben hat. Aber da hatte er auch wirklich etwas
Falsches gegessen. Inzwischen hat sich Papa allerdings besser im Griff.
Nur durch den Mund atmen; und 30 Sekunden hält er es sogar
komplett ohne atmen aus. Wenn nur bis dahin die Windel sicher im
luftdichten Windeleimer steckt.

Sonst kann Papa für nichts garantieren …

Quell der Weisheit

Wo komme ich her? Wo gehe ich hin? Und was sind die wirklich wichtigen Dinge im Leben? Es gibt wohl kaum jemanden, den diese Fragen gerade in jungen Jahren nicht quälen ...

Wie gut, dass es den Papi gibt, denn der weiß Bescheid. Egal, welches Problem der Nachwuchs hat – wer Papa fragt, erhält Antwort. Und auch wer nicht fragt, kann sicher sein: Vati hat für alles den passenden Ratschlag und die ultimative Lebensweisheit zur Hand. Dass man so auf keinen Fall ein Baumhaus baut, dass ein Dreisatz doch jetzt wirklich nicht so schwer zu verstehen ist und dass Minime bei der Hose »unbedingt einen Gürtel braucht«.

Kritisch wird es dann erst, wenn der Nachwuchs plötzlich selbst anfängt zu denken und – Gott bewahre! – sogar eigene Ideen entwickelt. Hitzige Diskussionen und emotionale Streitigkeiten sind da quasi vorprogrammiert. Aber dafür sind Familien schließlich da – zu viel Harmonie wäre da doch auch irgendwie eklig, oder?!

Der Griff nach dem Himmel

Der Frühling rückt näher und mit ihm flattern wieder zahlreiche Prospekte ins Haus, auf denen groß und breit sein Bild prangt. Es hat einen Durchmesser von drei Metern, mindestens, Sicherheitsnetz, Einstiegsleiter, Randabdeckung – und ist der Traum aller Kinder. »Das wollen wir auch!« »Die Mila hat genau so eines!« »Wir werden da wirklich jeden Tag drin hüpfen! Versprochen!«

Glücklich, wer nur einen handtuchgroßen Vorgarten oder gar kein Grün sein Eigen nennt, dem bleiben solche Diskussionen erspart. Alle anderen verweisen auf die Sturzgefahr, den Aufbauaufwand, den Platz, den das Ganze wegnimmt. Und mal ehrlich: Wer braucht schon ein Trampolin, wenn er Papas Bauch hat? Der ist täglich schon gleich nach dem Aufstehen verfügbar, für eine Hüpfpartie muss man nicht einmal nach draußen gehen und das Beste: Im Gegensatz zu seinem Outdoor-Pendant ist das Papatrampolin keinerlei Verschleiß ausgesetzt, sondern wird mit den Jahren eher größer und größer.

Die Hüpfenden allerdings auch.

Vielleicht wäre es doch eine Überlegung wert, so ein hübsches Trampolin? Da finden wir im Vorgarten bestimmt noch ein Plätzchen …

Der Müllschlucker

Mama hat es beim Kochen mal wieder gut gemeint. Zu gut. Es sollen ja schließlich alle satt werden. Dumm nur, dass auch bei den Kindern die Augen wieder einmal größer waren als der Magen.

»Hast du noch Hunger?«
»Ja!«
»Wie viel?«
»Ganz viel!«

Zwei Löffel später: »Papa, ich bin satt.«

Was nun? Mama weigert sich: »Ich bin pappsatt.« Wegwerfen? Kommt nicht infrage. Man will ja ein Vorbild sein für seine Kinder. Bleibt nur noch der Papa. Papa ist eigentlich gar nicht so der große Esser? Papa würde nach der üppigen Weihnachtsschlemmerei gerne ein bisschen weniger essen? Jetzt heißt es: Prioritäten setzen. Was weg muss, muss weg. Also rein damit. Auch wenn der Sprössling schon fleißig mit beiden Händen im Essen herumgematscht hat und die Mischung aus Spinat und Eiern aussieht wie ein aufgebrochenes Geschwür. Am besten gar nicht lang im Mund behalten und schnell mit einem Schluck brockiger Apfelschorle hinterherspülen. Die muss nämlich auch weg …

Höhlenzauber

Was gibt es Schöneres für Kinder, als ein Lager zu bauen?

Richtig! Gemeinsam mit Papa ein Lager zu bauen.

Wenn Papa wenig Zeit hat, beschränkt er sich auf eines aus Stühlen, Decken und Vorhängen (»Aber bitte nicht so fest daran ziehen!«, mahnt die Mama aus der Küche). Hier kann sich der Nachwuchs herrlich einkuscheln und zugleich die größten Abenteuer erleben.

Wenn Papa aber richtig viel Zeit hat, dann brechen goldene Zeiten an. Denn Papa hat nicht nur Bretter, Hammer und Nägel, sondern auch eine Bohrmaschine – und damit geht es richtig rund. Ganze Samstage wird da im Garten gewerkelt, gehämmert und gebohrt. Gesetze der Statik werden ausgehebelt, Kreationen erschaffen, die selbst Friedensreich Hundertwasser zum Träumen bringen würden. Ihre Bewohner sind Entdecker, Krieger, Abenteurer, die Mama selbst mit den gewieftesten Tricks nicht mehr ins Haus locken kann.

Egal, dann wird heute eben draußen gegessen …

Die unheimliche Verwandlung

Eigentlich war Papa immer ein ganz normaler Mann. Klar, seine Rücken-behaarung ist wirklich außergewöhnlich und keiner rülpst so laut wie er, aber seit geraumer Zeit geht noch etwas viel Seltsameres mit ihm vor.

Es passiert meist am Abend, wenn sich die Dunkelheit über das Land senkt. Wenn die Kinder in ihren Schlafanzügen stecken, die Augen langsam schwer werden, dann beginnt Papas Verwandlung und aus dem Mann, der sonst keiner Fliege etwas zu Leide tun kann, wird ...

DAS KITZELMONSTER!

Das Kitzelmonster kennt keine Gnade. Es schlägt unverhofft zu. Aus dem Nichts packt es den Nachwuchs, klemmt ihn zwischen die Beine und kitzelt, kitzelt, kitzelt, bis dessen lautes Gackern durch alle Räume schallt.

»Hör auf! Er weint doch schon!«, ruft Mama.
»Nein, das macht ihm doch Spaß«, gibt das Kitzelmonster zurück.

Und macht es Spaß? Die Tränen laufen dem Kind übers Gesicht, es schreit: »Aufhören! A-u-f-h-ö-r-e-n!« Aber wenn das Kitzelmonster tatsächlich aufhört, dann schallt nur ein lautes »Weitermachen, Papa!« durch den Raum.

Scheint doch Spaß zu machen.

Irgendwie.

Der Flohdompteur

»Auf Kinder aufpassen ist wie einen Sack Flöhe hüten.«

Über solche Sätze kann der gewiefte Vater nur lachen. Nach lang-jähriger Erfahrung kennt er die kleinen Eigenheiten und Besonder-heiten seiner Sprösslinge und schafft es mal mit viel Fingerspitzen-gefühl, mal mit klaren Ansagen, die Kinder sanft, aber bestimmt zu führen und zu lenken.

Er weiß nicht genau, woran es liegt. An seiner natürlichen Autorität, die auch seine Mitarbeiter in der Firma immer wieder bewundernd zu ihm aufschauen lässt? An seiner virilen Maskulinität, gegen die sich aufzulehnen ein Ding der Unmöglichkeit ist?

Egal, was es ist – Mama seufzt auf vor Bewunderung, wenn sie Papa dabei beobachtet, wie er mit guter und sicherer Hand nach Art eines Pferdeflüsterers die Kinder auf den rechten Weg führt und weist. Ohne Strenge, ohne Drohungen oder gar Strafen.

Ein Papa, wie er im Buche steht.

Äh, im Märchenbuch …

Die verzauberte Hand

Egal, ob Papa wirklich einen Handwerksberuf gelernt hat oder doch nur ITler, Arzt oder Jurist ist: Spätestens sobald der Nachwuchs da ist, mutiert der frischgebackene Vater zum Hausmeister vom Dienst und baut Laufställe, Hüpfkonstruktionen an maroden Türstöcken, Kinderstühle und Mobiles.

Beitel, Forstnerbohrer, Messschieber, Körner – Begriffe, die bis vor Kurzem noch Fremdwörter für Papa waren, gehören für den neugeborenen Handwerksmeister ab sofort zum aktiven Wortschatz. Ein wundersamer Geist hat Besitz von ihm ergriffen und so bohrt, hämmert und bastelt er ohne Unterlass. Selbst die schwierigsten Tätigkeiten gehen ihm mit einer Eleganz und Geschwindigkeit von der Hand, dass Gattin und Schwiegereltern der Mund offen stehen bleibt und Kinder mit bewundernd-staunenden Augen nur singen können:

»Kann er das schaffen? Jo, er schafft das!«

Die Geschmacks-explosion

Eigentlich ist Mama ja die Stylingexpertin. Sie ist es, die ganze Sonntage auf Secondhandbasaren verbringt und die weiß, welche Unterhosen wie lange noch passen, welche Jacke der Nachwuchs gerade braucht und dass diese Leggins schon Ewigkeiten ein Loch hat, aber es sich nicht mehr lohnt, sie zu stopfen, weil Minime ja sowieso bald raus-gewachsen ist.

Der Herr Papa hat in diesem Kontext nicht viel zu melden. In der Regel übernimmt er in Sachen Kleidung nur ausführende Tätigkeiten, darf also An- und Ausziehen (die Kleidung wurde vorher selbstverständlich bereitgelegt) und im Extremfall auf Grundlage einer detaillierten und absolut verbindlichen Einkaufsliste im Discounter die Angebotstische durchflügen.

Ist Mama aber einmal auf Tagung oder krank, dann hat die Stunde des Stylingurus geschlagen. Gemeinsam mit dem Nachwuchs genießt der Papa von Welt die Freiheiten, die sich ihm nun in modischer Hin-sicht bieten. Er erweist sich als experimentierfreudig, innovativ, kreativ und zeigt Mut zum Mustermix und Lagenlook. Der Nachwuchs freut sich, weil er endlich die Pumucklstrumpfhose zum Tüllrock tragen darf – und den Betrachtern ... äh ... gehen die Augen über.

Das Wissen der Welt

Am Anfang ist es nur: »Warum?« Alternativ auch mal: »Wieso?« Oder: »Wozu?«

Später werden die hartnäckigen Nachfragen des neugierigen Nachwuchses jedoch deutlich komplizierter. »Aus welchem Tier werden Brezeln gemacht?« »Was machen Schnecken, wenn ihnen ihr Haus zu klein wird?« »Warum darf ich jemandem nicht sagen, dass er hässlich ist?«

Manche dieser Fragen sind leicht zu beantworten, manche nicht ganz so leicht. Doch egal, ob die Fragen in die Untiefen der Chemie abdriften (»Woraus besteht Feuer?«) oder die Metaphysik streifen (»Wo wohnt eigentlich der liebe Gott?«), Papa weiß Bescheid. Er vereint in sich das Wissen dieser Welt und findet auf jede noch so inquisitorische Frage eine Antwort.

Der Nachwuchs lauscht und staunt – wenn seine Aufmerksamkeitsspanne überhaupt so weit reicht, auf die Antwort zu warten, und er nicht bereits die nächste und übernächste Frage gestellt hat.

»Ich glaube, du bist der schlauste Papa der Welt!«

Hach!

Der unerschütter-
liche Kapitän

Drei Uhr nachts. Ein Auto kämpft sich durch den Nebel.

Vier Menschen auf dem Weg zurück aus dem Sommerurlaub. Um den größten Staus zu entgehen und den Kindern die zehnstündige Fahrt einigermaßen erträglich zu gestalten, haben Mama und Papa beschlossen, am Abend loszufahren.

»Wir können uns auch mal abwechseln«, hat Mama gesagt.
»Wir halten dich die ganze Fahrt mit Liedern wach«, haben die Kinder gedroht.

Kaum aus dem Urlaubsort raus, sind schon alle eingeschlafen. Nur der Papa nicht. Unser Mann am Steuer. Seit inzwischen sieben Stunden hat er das Lenkrad fest im Griff. Die Augen werden ihm schwer, doch nichts kann ihn bezwingen. Leise lässt er die vierte Dose Red Bull zischen, um nur niemanden aufzuwecken. Seit der ersten Ländergrenze muss Papa pinkeln. Seit der zweiten dringend. Aber er reißt sich zusammen. Nur niemanden aufwecken, lautet die Devise, und seine Lieben sicher nach Hause bringen.

Zu Hause angekommen blockiert Papa erst mal das Klo.
»Papaaaa! Ich muss auch mal!«

Diese Väter – denken wirklich nie an andere!

Der Samstagskoch

Die Absichten sind gut – dennoch verfällt eine Vielzahl der frisch-gebackenen Eltern schon bald nach der Geburt in die althergebrachten Rollenmuster, die sie von ihren Eltern und Großeltern zur Genüge kennen. Dabei wollten sie doch eigentlich alles ganz anders machen. Also schleppt sich Papa von sieben Uhr in der Früh bis acht Uhr abends ins Büro, während Mama allenfalls auf 450-Euro-Basis arbeitet und daher problemlos die Rundum-sorglos-Betreuung des Nachwuchses übernimmt.

Doch Gott sei Dank gibt es das Wochenende – da holt Papa nämlich das Familienleben nach, das ihm unter der Woche vorenthalten bleibt. Und dazu gehören? Leckere Pfannkuchen am Samstagmorgen. Die zaubert der Meisterkoch höchstpersönlich für seine Liebsten. Hauch-dünn, goldbraun – nicht zu dunkel, nicht zu schlabberig. Mit Nuss-Nugat-Creme, Zimt und Zucker, frischen Früchten vielleicht, gar Ahornsirup? Egal, was das kindliche Herz begehrt – Samstag ist schließlich nicht jeden Tag.

Heute wird geklotzt, nicht gekleckert.

Oder war das umgekehrt?

Der Geister-
beschwörer

»Papaaaaa! Da ist ein Monster unter meinem Bett.«

Eigentlich ist Papa ja selbst schuld. Warum hat er den Nachwuchs auch eineinhalb Stunden *Die Monster AG/Die Schöne und das Biest/Shrek* schauen lassen. Um in Ruhe Zeitung lesen zu können, was für eine dumme Frage! Aber das rächt sich jetzt.

Nun gibt es drei Möglichkeiten, vorzugehen:

1. Ignorieren – die intuitivste: »Schlaf endlich! Wenn ich noch mal reinkommen muss, werde ich stinksauer.«
2. Diskutieren – die einfühlsamste: »Monster gibt es doch gar nicht. Und wie soll denn so ein großes, grausames, kinderfressendes Monster überhaupt unter dein Bett gekommen sein?«
3. Bekämpfen – die effektivste: »Dann machen wir das Monster platt, oder? Hilfst du mir?«

Also noch mal aufgestanden, Schlafanzugsärmel hochgekrempelt, das Monster am Kragen gepackt und unter dem Bett hervorgezogen. Ein paar Tritte bekommt das Untier noch mit auf dem Weg, damit es lernt, sich nicht noch einmal unter dem Bett hilfloser Kinder zu verstecken. Hilfreich sind auch Schläge mit dem Kissen. Wenn niemand sonst im Haus bereits schläft, darf dabei auch laut gekreischt und geflucht werden: »Nimm das, du Stinker!« Fenster auf und raus mit dem fiesen Monster!

Gute Nacht!

Das Pendel des Todes

Kinder lieben es, durch die Luft geschleudert zu werden, Überschläge zu machen und zum Sturzflug von Papas Schulter anzusetzen, nur wenige Millimeter vor dem Aufprall auf dem Beton gebremst durch seine starken Arme.

Denn stark sind Papas Arme wirklich. Wie bei Superman.

Wenn Mama erschöpft röchelt, weil sie den Nachwuchs bereits dreimal mit Karacho im Kreis hat fliegen lassen, sie dabei selbst kurz vor dem Erbrechen steht und der Sprössling unbeeindruckt »Nochmal! Nochmal!« kräht, dann fängt mit Papa der Spaß erst richtig an.

Dabei am beliebtesten: das Pendel des Todes. Dafür einfach den Nachwuchs an den Knöcheln packen und wie ein Uhrpendel hin und her und hin und her und hin und her und hin und her schwingen lassen.

»Hört doch auf!«, ruft da die Mutter. »Ihr platzt ja gleich der Kopf!«

»Nein!«, schallt es da aus aller Munde. »Da geht noch was!«

Und das Pendel schwingt weiter. Und weiter. Und weiter. Gesichter werden immer röter. Aber Papa gibt erst auf, wenn der Nachwuchs erschöpft klein beigibt.

Superman eben.

Der Sicherheits-
beauftragte

»Mamaaaa! Der Papa lässt mich nicht mit meiner Eisenbahn spielen!«

Von wegen. Was für eine dreiste Unterstellung. Denn der gute Herr Papa testet nur. Zum Wohle seines Nachwuchses. Aber der erweist sich wie schon alle nachgeborenen Generationen seit Anbeginn der Zeiten als denkbar undankbar.

Papa nimmt sich die Zeit, um im Kinderzimmer eine komplette Playmobillandschaft entstehen zu lassen? Hubschrauberlandeplatz inklusive? »Papa! Wir wollen auch endlich mal spielen!«

Papa testet das neue Hoverboard, nur um festzustellen, dass man damit ja »gar keinen anständigen Ollie machen kann«? »Papa! Das ist mein Board!«

Papa erklärt sich bereit, die neue PS 4 einzuspielen? »Mann, Papa, kauf dir selbst eine!«

Und nein, es wird mit dem Alter nicht besser. »Soll ich dir dein neues Auto ein bisschen einfahren?«

»Mamaaaaaaaaaaaa!«

Der Ernst des Lebens

Wie sagte Friedrich Schiller so schön: »Der Mensch spielt nur, wo er in voller Bedeutung des Wortes Mensch ist.« Um also seinen Nachwuchs auf seinem Weg zum Menschsein zu begleiten, spielt der engagierte Vater mit den Sprösslingen, so oft er kann. Vor allem Brettspiele sind von herausragender Bedeutung, wenn es darum geht, den Zwergen die harten Realitäten des menschlichen Daseins ein bisschen näherzubringen.

Dass man im Leben auch einmal zurückstecken muss und jederzeit verlieren kann, auch wenn es zunächst so gut für einen aussah? Willkommen bei *Mensch ärgere dich nicht*.

Dass es manchmal ganz schön schwer sein kann, im Leben den richtigen Weg zu finden – und man durchaus keine Garantie hat, darauf zu bleiben, wenn man ihn erst einmal entdeckt hat? Wie wäre es mit einer Runde *Das verrückte Labyrinth*?

Und wie erklärt man die Härten des Kapitalismus besser als mit einer Runde *Monopoly*, wenn ein Mitspieler alle vier Bahnhöfe hat und fleißig abkassiert? Ein Spiel, bei dem kein Auge trocken bleibt …

Ja. Das Leben ist kein Wunschkonzert. Das bringt Papa dem Nachwuchs an verregneten Novembersonntagen bei und geht den Sprösslingen in Sachen »Gute Miene zum bösen Spiel« vorbildlich voran.

Meistens zumindest …

Die starke Schulter

Was waren das noch für herrliche Zeiten, als der Noch-nicht-Papa jeden Tag zum Fußballtraining, auf den Basketballplatz oder ins Fitnessstudio geradelt ist. Diese sportlichen Betätigungen sind mit dem Einzug des neuen Mitbewohners nun vorerst leider auf ein Minimum reduziert worden, wenn nicht ganz vorbei. Die Muskeln, die sich Papa in dieser Zeit antrainiert hat, werden jedoch einer sinnvollen Zweitverwertung zugeführt, denn der Nachwuchs liebt Papas breite Schultern.

Samstagmorgen. Es sind ungefähr 300 Meter bis zum Bäcker.

»Papa, darf ich Laufrad fahren?«

50 Meter später: »Papa, ich kann nicht mehr. Kannst du das Laufrad tragen?«

...

»Und mich auch?«

Mama dagegen macht sich weiterhin lustig über die »Ziermuskeln« des Mannes an ihrer Seite. Wie schön es sich anfühlt, nach einem langen Tag den Kopf an eine starke Schulter anzulehnen, würde sie niemals zugeben.

Muss sie auch nicht. Merkt Mann auch so ...

Die Lercheneule

Lerche oder Eule? Sag mir, wann du aufstehst, und ich sage dir, was du bist. Früher, so in seinen ganz faulen Zeiten, ist Papa ja manchmal bis zehn Uhr am helllichten Tag im Bett liegen geblieben. Dabei ist er vielleicht schon mal um acht aufgewacht, hat sich aber einfach noch einmal umgedreht und – ganz schön frech – weitergeschlafen.

Von solchen Zeiten kann er als frischgebackener Vater nur träumen – oder lassen wir das »frischgebacken« doch einfach weg. Denn selbst wenn der Nachwuchs nach drei Jahren durchschläft, weigert er sich doch, länger als bis halb sechs im Bett zu bleiben. Also, außer es geht in die Kita oder später in die Schule. Dann ist Minime nämlich plötzlich partout zum Langschläfer mutiert und muss von den lieben Erziehungsberechtigten in sich quälend hinziehenden Aufweckprozeduren mühselig ins Leben zurückgeholt werden.

Aber yeah, Wochenende! Wir wecken Papa um fünf! Der wiederum träumt davon, dass die Kinder endlich die kriminelle Energie entwickeln, sich über das samstagmorgendliche Fernsehverbot hinwegzusetzen. Es widerspricht nämlich seinem pädagogischen Konzept, ihnen offiziell die Erlaubnis zu geben. Dabei würde er so gern mal ausschlafen – gestern hat er nämlich richtig die Sau rausgelassen. Er war bis halb elf wach!

Der vergebene Traumprinz

»Papa, wenn ich mal groß bin, dann heirate ich dich!«, haucht die Dreijährige am Ende von *Drei Haselnüsse für Aschenbrödel*, als Prinz und Auserwählte durch den Neuschnee davonreiten. Nun ja, danke für das Kompliment. Aber wie erklärt man einer Dreijährigen, dass solche Heiraten nicht wirklich eine gute Idee sind?

»Ich bin doch viel älter als du!« – »Aber der Opa hat doch jetzt auch eine viel jüngere Frau geheiratet!«

»Bei uns dürfen Verwandte nicht heiraten, weil da kranke Kinder herauskommen würden.« Willkommen in der schönen neuen Euthanasie-Welt. Lieber nicht!

Der weise Vater geht haarspalterischen Diskussionen klug aus dem Weg und weist auf das Offensichtliche hin: »Aber ich bin doch mit der Mama verheiratet.«

»Die kann doch unseren Kinderarzt heiraten!«

Da sollte wohl jemand mal besser die Augen aufhalten ...

Der Vorleser

Opa sucht sich ja sowieso immer nur die kürzesten Märchen aus dem Märchenbuch heraus – und schläft trotzdem mitten in *Des Kaisers neue Kleider* ein. Mama wiederum liest nur pädagogisch Hochwertiges und hat nach drei Büchern dann auch langsam genug.

Papa aber, der liest und liest und liest. Wenn alle erschöpft unter dem Tisch liegen, dann hält Papa wie der Duracell-Hase aus der Werbung seiner Kindertage noch durch. Und wie er liest! Mal mit piepsiger Prinzessinnenstimme, mal im finsteren Räuberton, der den Sprösslingen mal Wonne-, mal Schreckensschauer über den Rücken jagt. Und was er liest! *Ronja Räubertochter*, auch wenn Mama sagt, dass das noch gar nichts für die Kleinen ist. Oder – hihi – *Mutter sag, wer macht die Kinder*?

Also aufs Sofa gekuschelt, rechts und links und auf dem Schoß ist auch noch ein Platz und eingetaucht wird in wundersame Zauberwelten.

Egal welche von superduper Sprechern gelesenen Hörbücher der später einmal erwachsene Nachwuchs dann hören wird – an Papas Erzählkünste werden sie sowieso nie heranreichen!

Über die Autorin

Carina Heer hat unter anderem Psychologie und Literaturwissenschaft studiert und ist heute als freie Autorin tätig. Heer ist verheiratet und hat zwei Töchter – das vorliegende Buch basiert zu großen Teilen auf ihren Erfahrungen an der Seite eines frischgebackenen Vaters. Ihr Mann bestreitet übrigens vehement, keine Pfannkuchen backen zu können. Er habe es einfach nur noch nicht probiert.

Carina Heer lebt und arbeitet bei Bamberg.

Bibliografische Information der Deutschen Nationalbibliothek
Die Deutsche Nationalbibliothek verzeichnet diese Publikation in der
Deutschen Nationalbibliografie. Detaillierte bibliografische Daten sind
im Internet über http://dnb.d-nb.de abrufbar.

Für Fragen und Anregungen
info@rivaverlag.de

Originalausgabe
1. Auflage 2020
© 2020 by riva Verlag, ein Imprint der Münchner Verlagsgruppe GmbH
Nymphenburger Straße 86
D-80636 München
Tel.: 089 651285-0
Fax: 089 652096

Redaktion: Silke Paten
Umschlaggestaltung und Layout: Karina Braun
Illustrationen: Müjde Puzziferri, MP Medien, München
Satz: Andreas Linnemann
Druck: Graspo CZ, Tschechische Republik
Printed in the EU

ISBN Print 978-3-7423-1461-1
ISBN E-Book (PDF) 978-3-7453-1138-9
ISBN E-Book (EPUB, Mobi) 978-3-7453-1139-6

Weitere Informationen zum Verlag finden Sie unter

www.rivaverlag.de
Beachten Sie auch unsere weiteren Verlage unter www.m-vg.de